КУХРОННА КНИГА РОСЛИННОЇ ДІЄТИ

100 ПРОСТИХ І СМАЧНИХ РЕЦЕПТІВ ДЛЯ ПОЧАТКІВЦІВ З РОСЛИННОЮ ДІЄТОЮ

D1696636

Дар'я Бойчук

Індекс

5

ВСТУП

Рослинна дієта, яка також називається рослинною, стверджує, що їжа повинна зосереджуватися на якості рослинної їжі, дозволяючи скористатися цим і зменшити споживання продуктів тваринного походження, не виключаючи їх повністю. з вашої дієти.

Ця дієта включає не лише фрукти та овочі, а й горіхи, насіння, олії, цільні зерна (бобові, такі як зерна, квасоля, сочевиця, горох тощо) та овочі, завжди віддаючи перевагу цільнозерновим версіям продуктів, таким як крупи або зерно, наприклад рис або хліб. Це не означає, що ви стаєте вегетаріанцем або веганом і ніколи не їсте продуктів тваринного походження. Натомість він вибирає пропорційно більше їжі з рослинних джерел.

Знати, як їсти, означає вміти вибирати

Сьогодні ми знаємо, що наше здоров'я багато в чому залежить від їжі.

Існують різні підходи, які найрізноманітніші спеціалісти в цій галузі вважають здоровими, будь то всеїдні, вегетаріанські чи веганські страви – все з необхідною обережністю, щоб не вистачало основних поживних речовин.

Практичні стратегії впровадження дієти з більшою кількістю овочів:

• Збільште споживання овочів: на обід і вечерю наповнюйте овочами половину тарілки. Вибираючи овочі, обов'язково використовуйте багато кольорів. Насолоджуйтеся овочами в якості закуски, наприклад, морквою, стеблами огірка, помідорами черрі з гумусом або гуакамоле. Регулярно додавайте в свій раціон суп, щоб збільшити кількість овочів. Їжте салати часто: наповніть миску зеленню салату, наприклад листям салату, шпинатом, мангольдом, крес-салатом та іншими; потім додайте різні інші овочі разом зі свіжою зеленню, наприклад, квасолею, горохом або тофу;

• Вибирайте хороші жири: жири в оливковій олії, оливках, олійних фруктах (горіхах, мигдалі, лісових горіхах тощо) і їхньому маслі, насінні та авокадо є
особливо здоровий вибір;

- Готуйте вегетаріанську їжу принаймні один раз на тиждень: будуйте ці страви на основі цільнозернових, бобових та овочів;

- Використовуйте на сніданок цільні зерна: починайте з вівса, кіноа або гречки. Потім додайте кілька жирних фруктів або насіння (соняшнику, чіа тощо) разом зі свіжими фруктами;

- Вибирайте овочі та змінюйте їх: щодня пробуйте різноманітні зелені листові овочі, такі як капуста, мангольд, шпинат та інші овочі. Готуйте на пару, смажте або тушкуйте, щоб зберегти смак і поживні речовини;

- Змініть парадигму: фрукти, овочі, бульби, бобові, зернові, олійні культури, насіння... ця зміна «парадигми» вимагає, щоб вони взяли на себе провідну роль, тому що їх потрібно споживати в найбільш натуральній формі, тобто більше цілі та менш оброблені, як вказує оригінальна назва дієти: Whole Food Plant Based Diet - або «Дієта, заснована на цілісних рослинних продуктах».

РЕЦЕПТИ СНІДАНКУ

1. Охолоджене варення з малини або чорниці

інгредієнти

- Приблизно на 4 склянки, 200 мл:
- 500 г малини або чорниці
- 250 г дрібного цукрового піску
- 1 лимон
- 4 ст.л води
- 1 чайна ложка лимонної кислоти (рівня ложка)
- 1 чайна ложка агар-агару (рівня ложка) препарату

1. Для холодного варення з малини або чорниці замаринуйте ягоди з цукром і лимонним соком і повільно перемішуйте міксером (гачком для тіста) приблизно 30 хвилин, поки цукор повністю не розчиниться.
2. Агар-агар змішайте з холодною водою, доведіть до кипіння з невеликою кількістю ягідної м'якоті, трохи остудіть і додайте до решти варення.
3. За бажанням перед начинкою варення можна просіяти через сито (через крупинки).
4. Варення зберігається приблизно 2 тижні в холодильнику, і його слід використати незабаром після відкриття.

2. Коктейль Рінглот з насіння коноплі

інгредієнти

- 500 мл пахти
- 1 шт. Манго
- 1 жменя локонів
- 2 чайні ложки насіння коноплі
- 1 чайна ложка чіа разом

1. Для коктейлю Ringlotten очистіть манго від шкірки та відокремте м'якоть від серцевини. Серцевина кільця припоєм. Тримайте 2 локони окремо.

2. Помістіть все в блендер і добре подрібніть. Додайте насіння чіа. Наповніть 2 склянки і посипте насінням коноплі. Видаліть серцевину з кожного келиха та покладіть на соломинку, подавайте та насолоджуйтесь.

13

3. Трав'яний коктейль

інгредієнти

- 150 г трав (різні, наприклад, петрушка, цибуля, м'ята, любисток)
- 400 мл молока
- 400 мл вершкового соусу Гума
- 2 столові ложки оливкової олії
- 1 лайм (вичавлений сік)
- 1 столова ложка бальзамічного оцту (білого)
- сіль
- перець з млина)

підготовка

1. Для трав'яного коктейлю спочатку добре перемішайте всі інгредієнти в міксері. Розлийте в охолоджені склянки і подавайте з соломинкою.

4. Кокосовий коктейль

інгредієнти

- 500 мл кокосового молока
- 150 г кокосової м'якоті (свіжої, тертої)
- трохи сиропу агави
- Кубики льоду (або колотий лід)
- 16 Фізаліс
- Приготування кокосової стружки

2. Для кокосового коктейлю спочатку помістіть у блендер кокосове молоко, терту

кокосову м'якоть, трохи сиропу агави та достатню кількість кубиків льоду.

Пюрируйте все разом на найвищій швидкості.

3. Кокосовим коктейлем заливаємо банки, посипаємо кокосом і прикрашаємо кожну фізалісом.

5. Банановий коктейль Нутелла

інгредієнти

- 500 мл молока
- 1 банан
- 1 Нутелла
- кохана

підготовка

1. Для коктейлю з бананом і Нутеллою спочатку зніміть шкірку з банана, поріжте його на шматочки та покладіть у миску для змішування.

2. Влийте Нутеллу і трохи молока і все добре перемішайте. Потім додайте ванільний цукор і решту молока і знову добре перемішайте.

3. Подайте шейк з банана та Нутелли до столу у високих склянках, добре охолодивши.

6. Вітамінний коктейль

інгредієнти

- 2 шт ківі
- 1/2 апельсина
- 1 шт. банан
- 200 мл соєвого напою
- 1 столова ложка насіння чіа

1. Для вітамінного коктейлю розріжте ківі навпіл, видаліть м'якоть ложкою, апельсин і банан наріжте великими шматочками, пюрируйте з соєвим напоєм і насінням чіа в блендері.

7. Соєве молоко зі свіжим ананасом

інгредієнти

- 1 1/2 літра води
- 90 г соєвих бобів (жовтих або білих, попередньо замочених не менше 12 годин)
- 120 г ананаса (свіжого)
- 1 столова ложка соняшникової олії (холодного віджиму)
- 90 г цукрової підготовки

2. Для соєвого молока зі свіжим ананасом закип'ятіть всі інгредієнти в каструлі, накрийте кришкою і тушкуйте 40 хвилин.

3. Дайте трохи охолонути, перемістіть у міксер і обробляйте протягом 5 хвилин до

однорідності. Пропустіть через сито. І соєве молоко зі свіжими ананасами готове.

8. Полуничний смузі зі шпинатом

інгредієнти

- 2 штуки бананів
- 400 г полуниці
- 100 мл молока
- 1 ст.л лимонного соку
- 20 г заготівлі шпинату

1. Очистіть банан, вимийте полуницю і видаліть плодоніжки.
2. Пюрируйте разом з іншими інгредієнтами.
3. Розлийте смузі по склянках і насолоджуйтеся охолодженим або відразу.

9. Тост Франкенштейн з авокадо

Інгредієнт

- 4 скибочки цільнозернового хліба
- 1 авокадо, розрізане навпіл і без кісточок
- 1 столова ложка лимонного соку
- ½ чайної ложки часникового порошку
- Щіпка морської солі

Декоративні інгредієнти

- 1 лист норі або темний лист салату
- Чорні боби
- Нарізаний червоний болгарський перець
- Мексиканська заправка

Підготовка

1. хліб в тостері або в тостері.
2. Поки хліб підсмажується, помістіть авокадо в миску.
3. Додайте лимонний сік, часниковий порошок і сіль і розімніть виделкою або картопледавкою.
4. Наріжте лист норі або темний салат, щоб сформувати зачіску.
5. Прикрасьте тост Franken, формуючи волосся, норі або листям салату, очі — чорною квасолею, рот — нарізаним перцем, а рамку обличчя — заправкою.

10. Швидка та легка миска вівсяної каші на сніданок

Інгредієнт

- ½ склянки швидкої вівсяної каші
- ½-⅔склянки теплої або холодної води
- ½ склянки рослинного молока
- 1 чайна ложка порошку ягід макі або порошку асаї (за бажанням)
- ½ склянки свіжого винограду або ягід
- банан (або цілий банан, якщо хочете)
- волоські горіхи
- насіння

Підготовка

1. Змішайте вівсяні пластівці з водою в мисці і дайте їм просочитися кілька хвилин.
2. Подрібніть банан і виноград або ягоди за бажанням і додайте їх до вівсянки.
3. Вівсяні пластівці і фрукти залити рослинним молоком.
4. Посипте горіхами, насінням, порошком ягід макі або порошком асаї. Я використовую волоські горіхи та насіння конопель.

11. Тости з мигдальним маслом із солодкою картоплею та чорницею

Інгредієнт

- 1 батат, нарізаний товщиною півсантиметра
- $\frac{1}{4}$ чашки мигдального масла
- $\frac{1}{2}$ склянки чорниці

Підготовка

- Розігрійте духовку до 350-360°F (177°C).
- Викладіть скибочки солодкої картоплі на папір для випічки. Випікайте до готовності, приблизно 20 хвилин

- Подавайте гарячим, посипавши арахісовим маслом і журавлиною. Зберігайте залишки скибочок солодкої картоплі без заправки в герметичному контейнері в холодильнику протягом тижня. Розігрійте в тостері або тостері та накрийте кришкою відповідно до інструкцій.

12. Тропічний смузі в мисці

Інгредієнт

- 2 склянки заморожених шматочків манго
- ½ чашки заморожених шматочків ананаса
- 1 заморожений банан
- від ½ до 1 склянки рослинного молока
- 2 столові ложки подрібнених горіхів на ваш вибір
- ¼ чашки нарізаних фруктів на ваш вибір

Додаткові оголошення

- 1 столова ложка борошна з насіння льону
- 1½ столової ложки шматочків кокоса

30

Підготовка

1. Додайте манго, ананас, банан і рослинне молоко (1 склянка робить коктейль рідшим, а $\frac{1}{2}$ склянки робить його густішим) у блендері та перемішайте до однорідності.
2. Помістіть смузі в миску і посипте горіхами та фруктами.

13. Вівсянка, приправлена овочами

Інгредієнт

- 4 склянки води
- 2 склянки «різаних» вівсяних пластівців (овес швидкого приготування)
- 1 чайна ложка італійської приправи
- ½ чайної ложки Herbamare або морської солі
- 1 чайна ложка часникового порошку
- 1 чайна ложка цибульного порошку
- ½ склянки харчових дріжджів
- ¼ чайної ложки порошку куркуми
- 1½ склянки листової капусти або ніжного шпинату
- ½ склянки нарізаних печериць

- $\frac{1}{4}$ склянки тертої моркви
- $\frac{1}{2}$ склянки дрібно нарізаного перцю

Підготовка

- Закип'ятіть воду в каструлі.
- Додати вівсяні пластівці і спеції, зменшити температуру.
- Варіть на повільному вогні без кришки 5-7 хвилин.
- Додайте овочі.
- Накрийте кришкою та відставте на 2 хвилини. ⬜ Подавайте негайно.

14. Гарбуз і пряна вівсянка

Інгредієнт

- 2 склянки рослинного молока
- 1 чайна ложка спеції для гарбузового пирога
- 4 фініки без кісточок
- 2 столові ложки родзинок
- 2 склянки гарбузового пюре
- 2 склянки вівсяних пластівців

Підготовка

1. Змішайте молоко, фініки, родзинки та спеції в блендері.

2. Змішайте молочну суміш з гарбузовим пюре та вівсяними пластівцями в середній мисці.

3. Якщо суміш дуже густа, додайте ще трохи молока.

4. Накрийте та поставте в холодильник принаймні на годину або краще на ніч.

5. Насолоджуйтеся теплом або холодом.

15. Весняний смузі-боул

інгредієнт*Для*

миски:

- 1 банан
- трохи цвітної капусти (за бажанням)
- 125 мл мигдального молока
- 1 жменя горіхів кешью
- 1 стручок ванілі (м'якоть)
- 1 чайна ложка кориці
- 1 столова ложка меду (за бажанням)

Зверху:

- 1 столова ложка фісташок
- 1 жменя горіхів (волоських, мигдалю)
- 1 жменя кокосової стружки

- 1/2 жмені квітів (їстівних)
- 1/2 жмені малини
- 1 препарат маракуйї

1. Щоб надати чаші ще кремоподібнішу консистенцію, заморозьте банан.
2. Розімніть банан і всі інші інгредієнти для миски до однорідності.
3. Потім прикрасьте за настроєм

16. Веганська каша з полуницею

інгредієнти

- 3 ст ложки вівсяних пластівців
- 1 склянка соєвого молока (або вівсяного молока)
- 1 жменя полуниці (або інших фруктів)

приготування

1. Спочатку доведіть вівсяні пластівці з соєвим молоком до кипіння, поки не утвориться приємна каша.

2. При необхідності додайте додаткового молока. Нарешті, подрібніть ягоди (або

будь-які фрукти, які вам подобаються) і змішайте з вівсяними пластівцями.

3. Посипте кашу підсмаженою кокосовою стружкою і насолоджуйтеся, поки вона ще тепла.

17. Веганська каша Цампа

інгредієнти

- 250 мл соєвого молока
- 2 столові ложки цампи
- 5 столових ложок кокосової стружки
- 2 столові ложки сиропу агави
- 1 щіпка ванілі
- 1 щіпка кориці
- Заготовка фруктів (за бажанням).

1. Доведіть до кипіння соєве молоко для пюре з цампи та вмішайте віночком цампу.

2. Змішайте кокосову стружку, насіння чіа, сироп агави і спеції. Дайте трохи поваритися, через деякий час каша стане красивою і густою.
3. Свіжі фрукти (інжир і сливи) наріжте дрібно і додайте в теплу кашу.
4. Каша цампа найкраща в гарячому вигляді!

18. Вафлі з яблучним пюре і мигдалем

інгредієнти

- 100 г вівсяних пластівців
- 50 г борошна (цільнозернового спельти)
- 10 г насіння чіа
- 3 г харчової соди
- 25 г березового цукру
- 50 г мигдального масла

- 100 г яблучного пюре
- 1 шт. Лимон (органічний, терта цедра і 1 чайна ложка соку)
- 50 мл мигдального молока (або іншого рослинного молока, при необхідності більше)

підготовка

1. Помістіть сухі інгредієнти для вафель з яблучним пюре та мигдалем у блендер і перемішайте, поки все не буде дрібно подрібнене.

2. Змішайте яблучне пюре, лимонний сік, лимонну цедру, мигдальне масло та мигдальне молоко. Повільно додайте цю суміш до сухих інгредієнтів і перемішайте ручним міксером. При необхідності додайте трохи мигдального молока і приправте березовим цукром. Дайте тісту відпочити 10 хвилин.

3. Тим часом розігрійте вафельницю і при необхідності змастіть її.

4. Покладіть 1 столову ложку тіста в центр вафельниці, закрийте і випікайте вафлі з яблучним пюре і мигдалем приблизно 2 хвилини.

19. Мюслі з ванільними пластівцями з бананом і малиною

інгредієнти

- 1 столова ложка насіння чіа
- 1 ст ложка насіння льону
- 5 ст.л пластівців спельти
- 1 чайна ложка кориці
- 2-3 столові ложки соєвого йогурту (ванільного)
- 180 мл мигдального молока
- 1/2 банана
- 1 жменя малини
- 1 ст.л висівок спельти
- 1 жменя стебел мигдалю

підготовка

1. Мюслі з ванільними пластівцями з бананом і малиною, розріжте банан навпіл і тонкими скибочками.

2. Змішайте чіа та насіння льону, пластівці полби, висівки полби, корицю, стручки мигдалю з мигдальним молоком та соєвим йогуртом. Нарешті, скласти шматочки банана та малини.

3. За потреби додайте трохи молока або йогурту та поставте мюслі з ванільними пластівцями з бананом і малиною на ніч у холодильник.

20. Ванільний рисовий пудинг з яблуком і корицею

інгредієнти

- 1 склянка рису (круглозернистого)
- 4 склянки соєвого молока (зі смаком ванілі)
- 1 жменя родзинок
- 1 яблуко
- Кориця (за смаком) приготування

1. Повільно варіть рис із соєвим молоком, корицею (за смаком) і родзинками, доки рисові зерна не стануть м'якими, а консистенція не стане кремовою. Перемішуйте знову і знову!

2. Тим часом наріжте яблуко тонкими скибочками.
3. Викладіть скибочки яблук на теплий рисовий пудинг, за бажанням посипте корицею та подавайте.

РЕЦЕПТИ ДЕСЕРТІВ

21. Апельсиновий манний десерт з пароварки

інгредієнти

Для манки:

- 1/2 л молока
- 80 г пшеничної манки
- 80 г меду
- 2 чайні ложки агар-агару
- 1 апельсинова цедра (цедра)

4 столові ложки Куантро для апельсинового шару:

- 6 апельсинів

- 2 ст.л. Куантро
- 3 чайні ложки меду з флердоранжу
- 2 чайні ложки препарату агар-агар

1. Для апельсинового десерту з манної крупи всі інгредієнти для манної маси помістити в міцну ємність і добре перемішати.

2. Очистіть 4 апельсини від шкірки для апельсинового шару. Наріжте філе невеликими шматочками. З інших 2 апельсинів видавіть сік. Апельсиновий сік і шматочки філе змішати з Куантро, медом і агар-агаром. Перелийте в другу неперфоровану ємність і добре перемішайте. Тепер пропаріть обидва в пароварці при 100 градусах протягом 10 хвилин. Потім вийміть і знову добре перемішайте.

3. У десертний стакан спочатку висипаємо манну крупу і викладаємо зверху апельсиновий шар. Десерт з апельсинової крупи дайте відпочити в прохолодному місці, поки апельсинова маса не загусне.

22. Сільський сирно-малиновий десерт

інгредієнти

- 250 г сільського вершкового сиру
- 300 грамів малини
- 2 ст.л цукру
- 1 лимон (без шкірки)
- 1/8 л збитих вершків
- 30 г кокосової терки
- 1/8 л приготування йогурту

1. Для малинового десерту з вершковим сиром не подрібнюйте малину повністю, а підсолодіть за смаком. Збийте збиті вершки до міцної піни та змішайте з вершковим

сиром, йогуртом, кокосовою стружкою та цукром.

2. По черзі розлийте вершки з малиновим мусом у склянки та посипте сільський вершковий сир та малиновий десерт кокосовою стружкою.

23. Запечені абрикоси з піною

інгредієнти

- 3 столові ложки сиру (20%)
- 10 абрикосів (великих, твердих)
- 2 яєчних білка
- 50 грамів цукру
- 2 ст.л. волоських горіхів (тертих)

препарату

1. Для запечених абрикосів спочатку вимийте абрикоси, обсушіть, розріжте навпіл і видаліть кісточки. Розігрійте духовку до

200°C і застеліть деко папером для випікання.

2. Потім повільно збийте яєчні білки з цукром, розмішайте кварк до однорідності та обережно додайте його до білків з горіхами. Наповніть нею половинки абрикосів і запікайте при 200°C. І готові гратиновані абрикоси.

24. Фенхель овочі з пароварки

інгредієнти

- 2 кропу
- Фенхель зелений
- 2 морквини
- 1 паличка (маленькі) цибулі-порею
- 2 стебла селери.
- 1 чайна ложка лимонного соку
- сіль
- цукор
- 2 шт. цибуля
- 20 грам вершкового масла
- 150 мл овочевого бульйону

- перець
- 1 чайна ложка овочевого бульйону
- 150 г збитих вершків

1. Для фенхелю помийте коріння клиновидного кропу і наріжте четвертинками. Поверніть зелень фенхелю для прикраси.

2. Почистити овочі. Моркву наріжте скибочками товщиною 0,5 см, цибулю-порей — кільцями товщиною 1 см, селеру — шматочками товщиною 0,5 см. Помістіть овочі в перфоровану форму для запікання, а зверху покладіть фенхель.

3. Змішайте лимонний сік, сіль і цукор і полийте фенхелем. Помістіть каструлю в духовку та поставте під неї міцну ємність для збору овочевого бульйону (10-12 хвилин при 100°C або 5-6 хвилин при 120°C).

4. Цибулю наріжте кубиками, пасеруйте на вершковому маслі і долийте 150 мл овочевого бульйону. Приправити сіллю, перцем і овочевим бульйоном. Вмішайте подвійні вершки. Овочі кропу з пароварки прикрасити тертими овочами кропу.

25. Швидкий яблучний десерт

інгредієнти

- 4 яблука
- 10-15 шт. Печиво
- 5 столових ложок меду
- кориця
- Лимонний сік
- 2 ст.л. заготовки із родзинок

1. Для швидкого яблучного десерту наріжте яблука тонкими часточками та змішайте з цукром, корицею та лимонним соком. Крупно покришіть пальчики.

2. Наповніть шарами яблука, родзинки та бісквіт у 4 змащені маслом десертні форми,

залийте 4 мл амаретто та посипте корицею та цукром. Випікайте на верхньому/нижньому вогні при 180 градусах 20-25 хвилин.

26. Десерт горіховий пудинг

інгредієнти

- 4 шт. Фізаліс
- 8 столових ложок волоських горіхів (крупно натертих або подрібнених)
- Шоколадний соус (для гарніру) ▯ Для пудингу:
- 1 пакет горіхового пудингу
- 500 мл молока
- 3 ст.л цукру
- 1 ст.л волоських горіхів (дрібно натертих)

приготування

1. Для горіхового пудингу спочатку змішайте волоські горіхи з порошком для пудингу. Приготуйте горіховий пудинг відповідно до інструкцій і розлийте в 4 невеликі форми для пудингу.

2. Дайте охолонути і поставте в холодильник на кілька годин. Вийміть пудинг з формочок, посипте 2 столовими ложками волоських горіхів, прикрасьте шоколадним соусом і викладіть 1 фізаліс в центр десерту з горіховим пудингом.

27. Вареники з сиром під полуничним соусом

інгредієнти

- 250 грам сиру
- 2 столові ложки меду
- крихти
- 250 грам полуниці (замороженої)
- 1 пачка заготівлі ванільного цукру

1. Для сирних вареників з полуничним соусом спочатку приготуйте сирні вареники. Для цього змішайте яйце, сир і цукор. Дайте йому відпочити 10 хвилин, а потім дайте йому настоятися в слабко киплячій воді на 7-10 хвилин.

2. Одночасно покладіть у сковороду цукор, панірувальні сухарі та трохи вершкового масла та підсмажте їх. Готові вареники обваляти в цукрово-крихтовій суміші.

3. Для полуничного соусу розморозьте заморожену полуницю та воду в мікрохвильовій печі та додайте ванільний цукор. Потім перемішайте ручним блендером і приправте за смаком. Подавайте сирні вареники з полуничним соусом.

28. Яблучні чіпси

інгредієнти

☐ Яблука

підготовка

1. Для яблучних чіпсів помийте яблука, видаліть серцевину за допомогою серцевинного різака, а потім наріжте скибочками товщиною 1,5 мм за допомогою слайсера.

2. Помістіть тонкі яблучні скибочки в дегідратор і висушіть їх. Переверніть один

раз між ними. Сушіть, поки яблучні чіпси не стануть красивими та хрусткими.

3. Залежно від дегідратора це займає приблизно 2-3 години.

29. Вирощувати банани

інгредієнти

- 2 ст.л родзинок
- 50 мл рому
- 2 ст ложки листя мигдалю
- 4 банана
- 1/2 лимона (сік)
- 75 грамів цукру
- 1 чайна ложка вершкового масла
- 1/4 чайної ложки кориці

1. Змішайте родзинки з ромом і залиште приблизно на 30 хвилин.

2. Мигдаль злегка підсмажити на сухій сковороді без жиру. Банани очистіть і розріжте уздовж навпіл. Відразу змастіть лимонним соком.

3. Розтопіть цукор і масло у великій каструлі на повільному вогні. Додайте банани і коротко обсмажте, один раз перевернувши. Додайте родзинки та ром і приправте банани корицею.

4. Варіть, поки цукор не розчиниться. Розкладіть банани та посипте подрібненим мигдалем.

5. Подавайте банани Foster, поки вони ще гарячі.

30. Суперфуд в шоколадному печиві

Інгредієнт

- ½ склянки арахісового масла
- ½ склянки соєвого молока
- 8 фініків Medjool
- 1 склянка мигдального борошна
- 1 стакан вівсяних пластівців
- 1 стакан вівсяних пластівців
- ¼ склянки меленого насіння льону
- ½ склянки ягід годжі
- ½ чашки какао-бобів
- 1 стиглий банан
- 1 столова ложка ваніліну

Підготовка

1. Помістіть усі інгредієнти в кухонний комбайн і перемішайте до повного змішування.
2. Викладіть столові ложки суміші на деко, застелене пергаментним папером.
3. Використовуйте інший аркуш пергаменту, щоб притиснути суміш.
4. Випікайте при 350°F (176°C) 20 хвилин.

31. Веганське шоколадне морозиво

Інгредієнт

- 3 заморожених банана
- $\frac{1}{4}$ склянки несолодкого мигдального молока
- 3 столові ложки какао або какао-порошку
- $\frac{1}{4}$-$\frac{1}{2}$ чайної ложки порошку кориці (за бажанням)

Підготовка

1. Помістіть заморожені банани та мигдальне молоко в кухонний комбайн або блендер.
2. Добре обробіть до шовковистої гладкості.

3. Додати какао і корицю.
4. Обробляйте до повного змішування
5. Поставте морозиво в морозилку на 15-20 хвилин
6. Споживайте негайно.

32. Шоколадний мус з 4 інгредієнтів

Інгредієнт

- 2 коробки по 12,3 унцій шовковисто-гладкого тофу
- 4 столові ложки какао-порошку
- 1 чайна ложка ванілі
- 1 чашка фінікової пасти

Підготовка

1. Змішайте тофу, какао-порошок, фінікову пасту та ваніль у блендері, доки інгредієнти добре не з'єднаються.

2. Перед подачею поставте в холодильник, воно ще більше загусне.

33. Крижаний лимонний пиріг з ананасами та фрешем
чорниця

Інгредієнт

- $\frac{1}{4}$ склянки свіжого лимонного соку (приблизно 2 лимони)
- $\frac{1}{4}$ склянки води
- 1 чашка свіжого ананаса, подрібненого
- $\frac{1}{4}$ чайної ложки тертої цедри лимона
- $\frac{1}{4}$ склянки свіжої чорниці, промити й повністю висушити

Підготовка

1. Додайте свіжовичавлений сік, воду, ананас і натерту цедру лимона в високошвидкісний блендер. Обробіть їх, поки з них не зникнуть грудочки.
2. Обережно перелийте суміш у ємність автоматичної морожениці та обробіть відповідно до інструкцій виробника.
3. За останні 10 хвилин додайте свіжі ягоди. Насолоджуйтеся ним відразу або дайте йому застигнути в морозильній камері протягом години чи більше.

34. Шоколадне морозиво

Інгредієнт

- 2 склянки безмолочного молока
- $\frac{3}{4}$ склянки чистого кленового сиропу
- 1 столова ложка чистого екстракту ванілі
- ⅓ напівсолодкої веганської шоколадної стружки, дрібно нарізаної або подрібненої

Підготовка

1. Збийте немолочне молоко, кленовий сироп і ваніль у великій мисці, поки вони добре не перемішаються.

2. Обережно перелийте суміш у ємність автоматичної морозениці та обробіть відповідно до інструкцій виробника.
3. Протягом останніх 10 або 15 хвилин додайте подрібнений шоколад і продовжуйте обробляти, доки не буде досягнута бажана текстура. Насолоджуйтеся джелато відразу або дайте йому застигнути в морозильній камері протягом години чи більше.

35. Арахісове масло і желейне морозиво

Інгредієнт

- 2 склянки молока без молочних продуктів, звичайного, без цукру
- ⅔ склянки кленового сиропу
- 3 столові ложки вершкового натурального арахісового масла
- ½ чайної ложки меленого імбиру
- 2 чайні ложки чистого екстракту ванілі
- 6 столових ложок консервованих фруктів

Підготовка

1. Збийте немолочне молоко, кленовий сироп, арахісове масло та ваніль у великій

мисці, поки добре не змішаються. Обережно перелийте суміш в ємність автомата

виробника морозива та обробіть відповідно до інструкцій виробника.

2. Протягом останніх 10 хвилин додайте консервовані фрукти та перемішайте з морозивом до отримання потрібної текстури. Насолоджуйтеся морозивом відразу або дайте йому застигнути в морозильній камері протягом години чи більше.

36. Веганський заварний крем

інгредієнти

- 500 мл мигдального молока
- 40 г кукурудзяного крохмалю
- 50 г цукрової пудри
- 2 пачки ванільного цукру
- 2 стручки ванілі заготовки

1. Для ванільного пудингу розріжте стручки ванілі уздовж навпіл і видаліть м'якоть. Доведіть до кипіння 450 мл мигдального молока, ванільний цукор, м'якоть ванілі та стручок ванілі. Змішайте цукрову пудру та

кукурудзяне борошно з 50 мл мигдального молока.

2. Коли молоко закипить, вийміть стручок ванілі та додайте суміш цукрової пудри та кукурудзяного борошна. Тушкуйте на повільному вогні, постійно помішуючи, поки суміш не загусне.

3. Заварний крем наповнює Шюссерля, і, швидше за все, він послабиться або насолодиться відразу теплим.

37. Каша цампа веганська

інгредієнти

- 250 мл соєвого молока
- 2 столові ложки цампи
- 5 столових ложок кокосової стружки
- 2 столові ложки сиропу агави
- 1 щіпка ванілі
- 1 щіпка кориці
- Заготовка фруктів (за бажанням).

1. Доведіть до кипіння соєве молоко для пюре з цампи та вмішайте віночком цампу.

2. Змішайте кокосову стружку, насіння чіа, сироп агави і спеції. Дайте трохи

повaритися, через деякий час каша стане красивою і густою.

3. Свіжі фрукти (інжир і сливи) наріжте дрібно і додайте в теплу кашу.

4. Каша цампа найкраща в гарячому вигляді!

38. Веганські малинові млинці

інгредієнти

- 250 мл мигдального напою
- 1 столова ложка березового цукру
- 1 банка(и) кокосового молока
- 1 ст.л
- 150 г спельтового борошна
- 2 столові ложки кокосової олії (для смаження)
- 6 столових ложок малинового варення (змастити)
- 1 чайна ложка малинового цукру (для прикраси)

- 1 упаковка приготування бурбонського ванільного цукру

1. Для малинових млинців мигдальний напій покладіть в миску. Відкрийте банку з кокосовим молоком і налийте рідину в кухоль, залишивши тверду речовину як «збиті вершки».

2. Перемішайте овочеву суміш із рідким кокосовим молоком і дайте їй трохи набрякнути, потім змішайте спельтове борошно, кокосову суміш, мигдальний напій і березовий цукор, має вийти гарне тісто для млинців.

3. Може знадобитися трохи більше борошна або рідини. Збийте міксером крутість кокосового молока з ванільним цукром.

4. Спечіть чотири млинці на розігрітій кокосовій олії сковороді. Змастіть варенням і подавайте, прикрасивши кокосовими збитими вершками та малиновим цукром.

39. Рис на кокосовому молоці з ківі та бананами

інгредієнти

- 300 мл кокосового молока
- 100 г довгозернистого рису
- 1 щіпка солі
- 1 чайна ложка кленового сиропу
- 1 шматочок банана

☐ 1 шт

кі ві **підготовка**

1. Для рису з кокосового молока з ківі та бананами доведіть кокосове молоко до кипіння та приправте сіллю. Зверху посипати рисом і варити до готовності (відповідно до інструкції на упаковці!).

2. Тим часом очистіть фрукти від шкірки і наріжте скибочками. Готовий рисовий пудинг заправити кленовим сиропом. Перелийте в тарілку і прикрасьте рис з кокосового молока шматочками банана та ківі.

40. Хрусткі смажені банани

інгредієнти

- 1 шматочок банана
- 2-3 листи тіста філо (30x31 см)
- 1 ст.л лимонного соку
- 2 столові ложки волоських горіхів (тертих)
- 3-4 столові ложки олії каноли
- 1 ст ложка цукрового піску заготовки

1. Щоб отримати хрусткі запечені банани, попередньо розігрійте духовку до 200°C верхнього та нижнього нагріву. Банан очистіть від шкірки, розріжте на 4 рівні частини і збризніть лимонним соком.

2. Змастіть листи тіста філо рапсовою олією та покладіть їх, скрутивши один на одного. Розріжте лист тіста на 4 приблизно рівні квадрати.

3. Обваляйте шматочки банана в тертих волоських горіхах і помістіть одну частину в центр квадрата. Загніть краю і покладіть пакет на папір для випічки.

4. Змастіть рештою олії і покладіть на кожну невелику горочку цукрового піску. Випікайте приблизно 10 хвилин до золотисто-коричневого кольору та хрусткої скоринки.

5. Хрусткі смажені банани краще подавати теплими з морозивом або просто з кавою.

РЕЦЕПТИ ЗАКУСОК

41. Хлібно-сирні шампури

інгредієнти

- 2 скибочки житнього хліба
- 25 г нежирного вершкового сиру
- 50 г цільного нежирного напівтвердого сиру
- 1/4 огірка
- 1/4 яблука
- 4 штуки коктейльних помідорів
- сіль перець
- 2 дерев'яні шпажки

підготовка

1. Для шампурів з хліба та сиру: розріжте скибочки житнього хліба навпіл, змастіть розрізані скибочки житнього хліба 1 столовою ложкою вершкового сиру, зверху покладіть інший шматочок хліба, знову змастіть вершковим сиром, зверху покладіть третій шматочок, намажте з вершковим сиром і житнім хлібом.

2. Наріжте шматок хліба кубиками по 2 см. Твердий сир також наріжте невеликими кубиками. Розріжте яблуко на три частини.

3. По черзі нанизайте на дерев'яні шпажки кубики житнього хліба, скибочки огірка, шматочки яблука, кубики сиру та помідори. Потім посипте хліб і сирні шпажки невеликою кількістю солі та великою кількістю свіжомеленого перцю.

42. Сендвіч-рол-апи

інгредієнти

- 12 скибочок тосту (без кори)
- 200 г чеддера (тертого)
- 2 ст.л вершкового масла
- 2 яйця
- 4 столові ложки кедрових горіхів (підсмажених)
- морська сіль
- Перець з млина) ⬜ Для песто:
- 1 банка помідорів (сушених, 370 г)
- 5 каперсів
- 25 г кедрових горіхів (підсмажених)
- 1 зубчик часнику

- 5 столових ложок олії (з банки помідорів)
- 50 г сиру Пармезан (тертого)
- 1 чайна ложка порошку чилі (за бажанням)
- морська сіль

☐Перець з млина) приготування

1. Для підсмажених рулетів спочатку змішайте ручним блендером усі інгредієнти для песто у високій кухлі та приправте морською сіллю та перцем.

2. Для бутербродів скибочки хліба тонко розкачайте качалкою. Розподіліть песто тонким шаром по поверхнях і звільніть приблизно 1 см від верхнього краю. Зверху розподіліть тертий чеддер і посипте кедровими горішками. Щільно згорнути скибочки тосту.

3. Збити разом молоко і яйця. Розтопіть вершкове масло на антипригарній сковороді. Змочіть рулетики в молочно-яєчну суміш і обсмажте на вершковому маслі до золотистої скоринки.

43. Бургер з огірками з індички

інгредієнти

- 600 г шніцеля з індички
- 12 листя салату
- 1 огірок
- 6 ст.л майонезу
- 6 багетів (або 1 великий багет)
- сіль
- перець
- Вершкове масло (для випічки)

підготовка

1. Для бургера з індичкою та огірками вимийте листя салату та обсушіть їх. Огірок помити і нарізати кружечками. Приправте

шніцель з індички сіллю та перцем. На сковороді розігріти вершкове масло і обсмажити шніцель з двох сторін по 4-5 хвилин.

2. Вийняти зі сковороди і нарізати соломкою. Розріжте рулетики багета навпіл уздовж і змастіть нижні половинки хліба майонезом. Зверху викладіть листя салату і скибочки огірка, зверху розкладіть смужки індички і знову закрийте багет.

44. Корж з креветками і артишоками

інгредієнти

- 200 г креветок (очищених і варених)
- 4 артишоки (мариновані, консервовані або в банках)
- 5 яєць
- 2 ст.л лимонного соку
- Морська сіль (з млина)
- Перець (з млина)
- оливкова олія

підготовка

1. Збризніть креветки лимонним соком і наріжте артишоки на вісімки. На сковороді

розігрійте трохи оливкової олії і коротко обсмажте креветки. Яйця збити з сіллю і перцем в мисці, вилити до креветок і дати застигнути. Розподіліть на ньому артишоки і коротко обсмажте.

2. Коли дно стане золотисто-коричневим, накрийте сковороду кришкою і переверніть так, щоб тортилья була на кришці. Помістіть корж назад на сковороду і обсмажте іншу сторону до золотистої скоринки. Розділіть торт на шматочки будь-якого розміру та подавайте гарячим або холодним за бажанням.

45. Клаб-сендвіч у банку зі спеціями

інгредієнти

- 100 г сиру (знежиреного)
- 4 скибочки тостового хліба
- 10 коктейльних помідорів
- Листя салату
- 2 столові ложки йогурту
- 1 огірок
- сіль
- перець
- 1 зубчик часнику
- 1 щіпка лимонного соку
- Приготування трав (кріп, цибуля, петрушка).

1. Для клубного сендвіча зі спеціями першу половину огірка очистіть від насіння, крупно натріть, посоліть і дайте настоятися кілька хвилин. Потім віджміть воду, що витікає. Тепер наріжте зубчики часнику. Приправте йогурт і кварк сіллю і перцем, додайте подрібнений зубчик часнику і натертий огірок і полийте лимонним соком.

2. Тим часом розріжте скибочки хліба навпіл і підсмажте їх. Помідори черрі і другу половину огірка наріжте кружечками. Перед подачею змастіть половину скибочки тосту кварковим кремом.

3. Зверху розподіліть коктейльні помідори, трохи листя салату та скибочки огірка, нарешті накрийте другим шматочком тосту та зафіксуйте клубний сендвіч баночкою для спецій за допомогою зубочистки.

46. Рулети зі штруделя з солодкої картоплі

інгредієнти

- 1 упаковка тіста для штруделя
- 1 солодка картопля (велика)
- 1 чайна ложка чилі (дрібно нарізаного)
- 1 столова ложка чебрецю (дрібно нарізаного)
- 1 яйце
- сіль
- перець
- Вершкове масло (розтопити)
- 1000 мл соняшникової олії (для смаження).

1. Очистіть і натріть солодку картоплю, змішайте з іншими інгредієнтами, приправте сіллю і перцем.

2. Змастіть листи штруделя вершковим маслом і покладіть їх один на одного, виріжте з тіста кружечки або квадрати, помістіть 1 чайну ложку начинки в центр і міцно притисніть кінці.

3. Випікайте рулетики зі штруделями з солодкою картоплею приблизно 2-3 хвилини у великій кількості розпеченої соняшникової олії до золотистої скоринки, обсушіть на кухонному папері та трохи посоліть перед подачею.

47. Яблучно-морквяний перекус

інгредієнти

• 2 яблука

- 500 г моркви
- 1 лимон (його сік) ⬜ 125 мл сметани
- 1 чайна ложка цукру
- 1 чайна ложка цибулі (дрібно нарізаної)
- сіль
- перець
- 2 ст.л горіхів (подрібнених) приготування

1. Яблуко і моркву почистити і натерти на тертці.
2. Скропити лимонним соком.
3. Цибулю очистіть і наріжте дрібними шматочками.
4. Змішайте сметану, цукор, цибулю, сіль і перець, залийте яблучно-морквяною сумішшю і акуратно перемішайте.
5. Яблучно-морквяну закуску посипати горіхами.

48. Стружка перцю

інгредієнти

- 2 картоплини (середнього розміру)
- 1 столова ложка оливкової олії
- 1 чайна ложка порошку паприки
- сіль

підготовка

1. Для чіпсів з паприкою очистіть картоплю з духовки та наріжте її тонкими скибочками за допомогою ножа. Застеліть деко папером для випічки. Тонко змастіть пергаментний папір оливковою олією. Покладіть зверху скибочки картоплі та злегка змастіть оливковою олією.

2. Посипати паприкою і сіллю. Випікайте перцеву стружку в розігрітій до 220 °C духовці 6 хвилин до золотистої скоринки.

49. Вегетаріанські тости

інгредієнти

- 4 скибочки цільнозернового тостового хліба
- 4 столові ложки песто (россо)
- 1-2 помідори (стиглі) ⬜ 80 г овечого сиру
- 1 жменя руколи
- Бальзамічне морозиво

Підготовка

1. Для вегетаріанських тостів спочатку підсмажте 4 скибочки тосту. Потім розріжте кожну скибочку тосту по діагоналі так, щоб одна скибочка тосту стала двома трикутниками.

2. Розподіліть половину столової ложки песто россо на кожен із двох трикутників. Райський сир і овечий сир наріжте тонкими скибочками, накрийте кожен з 4 підсмажених хлібних трикутників по черзі шаром помідорів і шаром овечого сиру.

3. На останній шар капніть кілька крапель бальзамічного морозива, розподіліть промиту рукколу на всі чотири підсмажені хлібні трикутники та накрийте рештою чотирма трикутниками. Розмістіть вегетаріанські тости на тарілці з бальзамічним морозивом і помідорами та насолоджуйтесь негайно

50. Запечені картопляні чіпси

інгредієнти

- 500 г картоплі (синьої або жовтої)
- 400 мл олії (для смаження)
- Приправи (змішані, за бажанням)
- сіль

підготовка

1. Для смажених картопляних чіпсів картоплю добре вимийте і обсушіть. Потім наріжте картоплю з шкіркою вздовж тонкими рівними скибочками за допомогою скибочки або овочерізки.

2. Скибочки промити в ситі під проточною водою до прозорості, обсушити і

обсмажити в розігрітій олії до хрусткої скоринки.

3. Дайте чіпсам повністю висохнути на кухонному папері та приправте сіллю.

4. Приправте запечені картопляні чіпси зеленню і подавайте до столу

51. Пюре з червоних яблук і буряка

Інгредієнт

- 2 склянки неочищеного яблука, нарізаного кубиками або тертого
- 1 склянка вишні без кісточок або суміші ягід

- 1 склянка неочищеного подрібненого буряка
- 1 столова ложка фінікової пасти
- $\frac{1}{2}$ чайної ложки кориці
- 2 столові ложки води

Підготовка

1. Помістити всі інгредієнти в каструлю.
2. Довести до кипіння і варити до розм'якшення яблук і буряків 10-15 хвилин.
3. Розімніть картопледавкою або подрібніть у кухонному комбайні для більш гладкої консистенції.
4. Подавайте окремо або використовуйте для прикраси Хелловіна.

52. Яблучні світильники "Halloween".

Інгредієнт

- 6 червоних яблук
- 1 чашка арахісового масла
- 1 столова ложка фінікової пасти
- $\frac{1}{2}$ чайної ложки спеції для гарбузового пирога
- 1 чашка граноли без масла

Підготовка

1. Розігрійте духовку до 300-350°F (177°C).
2. У кожного яблука зріжте верхівку.
3. Вичерпайте нутрощі ложкою або динею. Стежте, щоб стінки були товстими.

102

4. Акуратно виріжте обличчя ліхтарика, щоб зробити очі і рот.

5. Розтопіть арахісове масло в каструлі до однорідності.

6. У мисці змішайте розтоплене арахісове масло з фініковою пастою та гарбузовими спеціями.

7. Наповніть яблука сумішшю з арахісовим маслом і замініть яблучну шкаралупу.

8. Запікати яблука на деку 10 хвилин.

9. Викласти гранолу в яблука і запікати ще 10 хвилин.

10. Подавайте негайно.

53. Тости з мигдальним маслом і солодкою картоплею
і чорниці

Інгредієнт

- 1 батат, нарізаний товщиною півсантиметра
- $\frac{1}{4}$ чашки мигдального масла
- $\frac{1}{2}$ склянки чорниці

Підготовка

1. Розігрійте духовку до 350-360°F (177°C).
2. Викладіть скибочки солодкої картоплі на папір для випічки. Випікайте до готовності, приблизно 20 хвилин. (Ви також можете

приготувати їх у тостері, але вам потрібно буде активувати ці три або чотири цикли високої температури).

3. Подавайте гарячим, посипавши арахісовим маслом і журавлиною. Зберігайте залишки скибочок солодкої картоплі без заправки в герметичному контейнері в холодильнику протягом тижня. Розігрійте в тостері або тостері та накрийте кришкою відповідно до інструкцій.

54. Ефектний тост з авокадо

Інгредієнт

- 2 скибочки хліба
- 1 авокадо, нарізаний
- $\frac{1}{2}$ лимонного соку
- 2 столові ложки гарбузового насіння
- 1 щіпка червоного перцю
- 1 щіпка копченої паприки
- 1 щіпка насіння кунжуту
- 1 щіпка солі
- 1 щіпка чорного перцю

Підготовка

1. Підсмажте хліб.
2. Викладіть скибочки авокадо на тости.
3. Збризніть авокадо лимонним соком.
4. Посипте гарбузовим насінням, червоним перцем, кунжутом, сіллю та чорним перцем за смаком.

55. Батончики з гарбуза та вівсянки

Інгредієнт

- 3 склянки густих вівсяних пластівців
- 1 чашка фініків без кісточок
- ½ склянки окропу
- 2 чайні ложки спеції для гарбузового пирога
- 1 столова ложка меленого насіння льону або насіння чіа
- ¼ склянки дрібно подрібнених горіхів (за бажанням)
- ¼ склянки рослинного молока
- 1 склянка гарбузового пюре

Підготовка

1. Розігрійте духовку до 350 градусів F.

2. Фініки нарізати невеликими шматочками, покласти в миску і залити гарячою водою. Дати постояти 10 хвилин.

3. Додайте сухі інгредієнти в миску і добре перемішайте.

4. До сухих інгредієнтів додати фініки з водою, гарбуз і рослинне молоко і добре перемішати.

5. Квадратне деко вистеліть пергаментним папером, потім щільно притисніть суміш до форми.

6. Випікати 15-20 хвилин.

7. Дайте суміші повністю охолонути в контейнері, перш ніж нарізати на 16 квадратів або 8 великих брусків.

8. Зберігати в холодильнику до 7 днів.

56. Печиво вівсяне та яблучне

Інгредієнт

- 2 чашки безглютенової вівсянки
- 2 чашки яблучного пюре
- $\frac{1}{2}$ склянки родзинок
- $1\frac{1}{2}$ столової ложки насіння чіа
- 2 чайні ложки кориці

процес

1. Розігрійте в духовці до 350°F (177°C).
2. Помістіть усі 5 інгредієнтів у середню миску та перемішайте, поки не з'єднаються. Дати постояти 10 хвилин, поки розігрівається духовка.

3. Подавайте великими ложками суміш (вистелену пекарським папером) на деко. Обережно розрівняйте суміш і розділіть її тильною стороною ложки на бажаний розмір і форму. Випікати приблизно 25 хвилин.
4. Вийнявши печиво з духовки, перемістіть печиво на решітку для охолодження.
5. Не намагайтеся їх з'їсти жодного разу!

57. Смачні міні-сандіа

Інгредієнт

- 2 ніжних огірка
- 1 шматочок кавунового серця, бажано щільне і прозоре з мінімальним видаленням насіння
- 1 щіпка насіння чорного кунжуту (підсмаженого)

Підготовка

1. Почніть з обрізання кінчиків огірків, потім відріжте шматок 5 см від кожного кінця.
2. Відкладіть центральну частину для іншого використання (салати тощо).

3. Покладіть кожну частину півсфери на кінець і використовуйте маленький кінчик паризької ложки, щоб взяти одну півсферу з кожної.
4. Використовуйте ту саму техніку, щоб відрізати однакові шматочки від серця кавуна та покласти їх плоскою стороною догори в огірок.
5. Якщо шматочки тримаються нерівномірно, можна обережно зрізати зайве шкірним ножем.
6. На завершення притисніть насіння чорного кунжуту вологим пальцем і розподіліть їх по поверхні дині.

58. Смажений нут

Інгредієнт

- 2 банки нуту по 425 г, промити й осушити
- 1 чайна ложка часникового порошку ⬜ 2 чайні ложки порошку чилі
- ½ чайної ложки морської солі
- 2 столові ложки лимонного соку

Підготовка

1. Розігрійте духовку до 400°F (200°C). Деко застелити пергаментним папером і відставити в сторону.

2. Покладіть нут у герметичний поліетиленовий пакет на один галон (літр)

і додайте спеції. Добре струсіть до повного покриття.

3. Пряний нут рівномірно розподілити на підготовлене деко.

4. Випікайте 45-55 хвилин, помішуючи кожні 15-20 хвилин, щоб нут рівномірно пропікав до золотистого кольору.

5. Подавайте гарячим або холодним для будь-якої закуски.

59. Вафлі з яблучним пюре та мигдалем

інгредієнти

- 100 г вівсяних пластівців
- 50 г борошна (цільнозернового спельти)
- 10 г насіння чіа
- 3 г харчової соди
- 25 г березового цукру
- 50 г мигдального масла
- 100 г яблучного пюре
- 1 шт. Лимон (органічний, терта цедра і 1 чайна ложка соку)
- 50 мл мигдального молока (або іншого рослинного молока, при необхідності більше)

підготовка

1. Помістіть сухі інгредієнти для вафель з яблучним пюре та мигдалем у блендер і перемішайте, поки все не буде дрібно подрібнене.

2. Змішайте яблучне пюре, лимонний сік, лимонну цедру, мигдальне масло та мигдальне молоко. Повільно додайте цю суміш до сухих інгредієнтів і перемішайте ручним міксером. При необхідності додайте трохи мигдального молока і приправте березовим цукром. Дайте тісту відпочити 10 хвилин.

3. Тим часом розігрійте вафельницю і при необхідності змастіть її.

4. Покладіть 1 столову ложку тіста в центр вафельниці, закрийте і випікайте вафлі з яблучним пюре і мигдалем приблизно 2 хвилини.

60. Крижаний кавун на паличці

Інгредієнти

- 1/4 кавуна
- Підготовка дерев'яних паличок

1. Якщо необхідно, спочатку очистіть кавун від кісточок і наріжте невеликими трикутниками разом із шкіркою.

2. Вставте дерев'яну паличку в кожну частину внизу з мискою. Якщо шкаралупа занадто туга, зробіть надріз ножем.

3. Помістіть куточки кавуна в морозилку до повного заморожування.

4. Кавун на паличці готовий. Але ви також можете занурити їх у йогурт чи шоколад.

РЕЦЕПТИ СУПІВ

61. Крем-суп з каштанами

інгредієнти

- 1 цибулина (невелика)
- 1 ст ложка олії
- 400 г каштанів
- 1500 мл овочевого супу
- 200 мл збитих вершків
- 1 картоплина (при необхідності)
- чебрець
- 1 щіпка солі
- 1 щіпка перцю

- 1 щіпка мускатного горіха (тертого)

препарату

1. Для крем-супу з каштанами очистіть свіжі каштани (або, якщо хочете швидко, вийміть очищені каштани з форми).
2. Лук-шалот почистити і нарізати невеликими шматочками. Очищені каштани також наріжте шматочками.
3. Лук шалот злегка обсмажте на оливковій олії. Додати каштани і коротко обсмажити.
4. Влити суп, додати чебрець і тушкувати приблизно 30 хвилин.
5. Потім додайте збиті вершки і знову доведіть до кипіння.
6. Пюруйте каштановий крем-суп ручним блендером, приправте сіллю та перцем.

62. Крем-пюре з червоної капусти та яблук

інгредієнти

- 6 цибулин
- масло-
- 500 г моркви
- 2 кг червонокачанної капусти
- 4 яблука (кислі)
- 500 мл червоного вина
- 300 г журавлинного компоту
- 2 склянки сметани
- сіль
- перець
- 1 щіпка мускатного горіха
- 1 суповий кубик
- Приготування   червоного   винного

оцту

1. Очистіть і крупно наріжте цибулю. У сковороді об'ємом 9 л розігріти олію і обсмажити цибулю до золотистого кольору.

2. Тим часом очистіть моркву, наріжте і товстими скибочками і додайте до цибулі.

3. З червонокачанної капусти видаліть некрасиві зовнішні листки, наріжте капусту четвертинками, видаліть жорсткі стебла й наріжте капусту тонкою локшиною або скибочками. Яблука очистити від шкірки, розрізати на вісімки і видалити серцевину.

4. Коротко обсмажити капусту та яблука з морквою та цибулею, потім деглазувати червоним вином, додати трохи води та все приблизно 30 хвилин до м'якості.

5. Нарешті додайте компот з журавлини, відставте більшу частину рідини в другу каструлю і подрібніть овочі в пюре. Злийте рідину назад, залийте водою до потрібної густоти і дайте трохи поваритися.

6. Сметану розмішати з однією-двома столовими ложками супу до однорідності і ввести в суп лопаткою.

7. Приправте за смаком сіллю, перцем, мускатним горіхом і кубиками супу, і,

можливо, додайте трохи червоного винного оцту.

63. Тафельшпіц з гірчично-фруктовим соусом

інгредієнти

- 800 г вареної яловичини
- 4 морквини
- 1 цибуля-порей
- 1 корінь селери (невеликий)
- 2 цибулини
- 4 листочки лаврового листа
- 10 ягід ялівцю
- 2 гвоздики

- 10 горошин перцю
- 2 кубики м'ясного бульйону Для гірчичного соусу:
- 1/2 склянки пюре Мостарда (з фруктами)
- 100 г сметани
- 2 столові ложки майонезу (з горкою)
- 1/3 чайної ложки порошку каррі
- 100 мл збитих вершків
- сіль
- перець

підготовка

1. Готову яловичину залийте великою кількістю води. На початку регулярно знімайте піну.
2. Тим часом очистіть моркву, цибулю-порей, селеру та цибулю та наріжте їх навпіл. Додайте в бульйон овочі з лавровим листом, ягодами ялівцю, гвоздикою, горошком перцю і кубиками бульйону, при необхідності додайте води. Накрити кришкою і варити на повільному вогні до м'якості овочів.
3. Підніміть це та відкладіть убік. Накрийте кришкою та готуйте м'ясо перед

закипанням, поки воно також не стане
м'яким.

4. Приготування соусу: ½ склянки пюре Ваніні
   Мостарда з міксом фруктів зі сметаною,
   майонезом, каррі; Змішайте сіль і перець.
   Збийте верхню частину до жорсткої
   консистенції та перемішайте через соус.

5. Зварену яловичину вийміть із супу, наріжте
   скибочками товщиною приблизно 1 см і
   тримайте в теплі в мисці.

6. Овочі знову ненадовго прогріти в супі,
   потім разом з м'ясом розкласти по тарілках
   і трохи полити супом. Соус найкраще
   подавати окремо.

64. Крем-суп з білої моркви

інгредієнти

- 3 пастернаку
- 3 штуки кореня петрушки
- 3 картоплини (борошняні, дрібні)
- 2 зубчики часнику
- 1 шалот
- 500 мл овочевого бульйону
- сіль
- Перець (з млина)
- трохи соєвої кухні
- петрушка (посипати)
- деякий препарат ріпакової олії

1. Пастернак, коріння петрушки, картоплю почистити і нарізати великими кубиками

для крем-супу з білої моркви. Цибулю-шалот і зубчики часнику очистіть і подрібніть, обсмажте на олії.

2. Додайте коренеплоди і коротко обсмажте їх. Потім додати овочевий бульйон і тушкувати, поки овочі не стануть м'якими. Пюрируйте овочі і протріть через сито. Приправити сіллю, перцем і соєвою кухнею.

3. Додайте овочевий бульйон, якщо суп занадто густий. Знову ненадовго прокип'ятіть, розкладіть біло-моркв'яний крем-суп по супових тарілках і посипте подрібненою петрушкою та свіжотертим перцем.

65. Кресс-суп

інгредієнти

- 4 картоплини (середнього розміру, борошнисті)
- 1 цибулина
- Трохи олії
- 2 жмені крес-кресу
- 2 чайні ложки солі (з покриттям)
- 4 чашки води (250 мл) приготування

1. Для крес-супу спочатку очистіть картоплю та цибулю та наріжте їх дрібними шматочками.

2. Обидва обсмажте в невеликій кількості гарячої олії на сковороді, потім додайте 4

склянки води. Нехай кипить приблизно 15 хвилин.

3. Тепер додайте 3/4 крес-салони в суп і пюрируйте ручним блендером.

4. Нарешті, додайте трохи солі за смаком і прикрасьте крес-суп рештою крес-супу перед подачею.

66. Суп з картоплі та кольрабі

інгредієнти

- 1 кг картоплі
- 1 шт кольрабі
- 1-2 л овочевого супу
- 2 зубчики часнику
- 1 столова ложка імбиру (меленого)
- 1 столова ложка лемонграсу (меленого)
- 1 столова ложка кмину (меленого)
- Трохи солі
- 2 чайні ложки майорану (тертого) препарату

1. Для супу з картоплі і кольрабі очистіть картоплю і наріжте її великими кубиками. Також очистіть і наріжте кольрабі крупними шматочками.

2. Покладіть обидва види кубиків у каструлю і залийте супом, щоб він покрив і варився. Під час варіння видавлюємо в суп часник.

3. Коли все стане м'яким, знімаємо сковороду з вогню і приправляємо спеціями. Все добре протерти в пюре і за потреби додати трохи супу або зелені.

67. Суп зі шпинату та тофу

інгредієнти

- 75 грамів тофу
- 50 г шпинату (свіжого)
- 250 мл овочевого супу
- 1 ст ложка соєвого соусу
- перець

с і л ь **підготовка**

1. Для супу зі шпинату та тофу доведіть овочевий суп до кипіння. Тофу наріжте кубиками 5x5 мм і додайте в киплячий суп з соєвим соусом.

2. Зменшіть вогонь до мінімуму і кип'ятіть 2 хвилини. Дрібно наріжте шпинат і варіть 1 хвилину, обережно помішуючи.

3. Приправте суп із шпинату та тофу сіллю та перцем і подавайте до столу.

68. Буряковий пінний суп

інгредієнти

- 500 мл бурякового соку
- 200 г соєвих вершків
- 1 столова ложка порошку для овочевого супу
- петрушка (подрібнена)
- Перець (з млина)
- Приготування приправленої солі

1. Для супу з бурякової піни доведіть до кипіння буряковий сік з порошком для овочевого супу. Потім додайте соєві вершки і приправте сіллю і перцем.

2. Збити паличним блендером до утворення гарної піни. Розподіліть по супових мисках і посипте подрібненою петрушкою. Подається буряковий суп.

69. Овочевий бульйон без натрію

Інгредієнт

- 2 жовті цибулини, нарізані
- 3 зубчики часнику, подрібнити
- 6 морквин, очищених і нарізаних
- 4 стебла селери, нарізані
- 5 гілочок кропу
- 4 гілочки петрушки
- 4 ріпчастої цибулі
- 10 склянок води

Підготовка

1. Додайте цибулю у велику каструлю на середньому вогні та помішуйте до появи

аромату приблизно хвилину. Додайте часник, моркву, селеру, кріп, петрушку та цибулю та варіть приблизно хвилину, поки спеції не випустять свій аромат.

2. Додайте воду і дайте їй закипіти. Зменшіть вогонь, накрийте сковороду кришкою і варіть 45 хвилин.

3. Вимкніть вогонь і дайте відвару охолонути приблизно 15 хвилин.

4. Процідіть бульйон через сито та заморозьте у відерцях для льоду або розлийте в скляні банки, якщо використовуєте відразу. Це залишається протягом тижня або близько того.

70. Яблучно-морквяно-імбирний суп

Інгредієнти

- 1 цибулина (велика)
- 2 зубчики часнику
- 250 г моркви
- 1 корінь імбиру
- 1/2 лимона (сік)
- 1 яблуко
- 125 мл білого вина (сухого) ▢ 500 мл овочевого бульйону
- 1 столова ложка олії каноли

сіль **підготовка**

1. Для яблучно-морквяно-імбирного супу очистіть цибулю, часник, моркву, імбир і яблука.

   нарізати невеликими шматочками. Збризніть очищені яблука лимонним соком.

2. Коротко обсмажити цибулю та часник на невеликій кількості олії, полити вином і залити овочевим бульйоном. Потім варимо моркву в супі на середньому вогні до м'якості.

3. Додайте яблука та імбир і варіть 1-2 хвилини. Яблучно-морквяно-імбирний суп протерти в пюре і посолити.

РЕЦЕПТИ СОУСІВ

71. Ньоккі з томатно-базиліковим соусом

інгредієнти

- 1 штука цибулі
- 1 чайна ложка оливкової олії
- 1 банка(и) томатного пюре (400 г)
- сіль перець
- 1 пачка ньоккі (готовий продукт, 500 г сирих)
- води
- сіль
- 20 грам сиру пармезан

10   штук   листя   базиліка

приготування

1. Для ньоккі з томатно-базиліковим соусом дрібно наріжте цибулю. Обсмажте шматочки цибулі на оливковій олії. Залити помідори, приправити сіллю, перцем і тушкувати кілька хвилин.

2. Тим часом помістіть ньоккі у велику кількість злегка підсоленої киплячої води та варіть відповідно до інструкцій на упаковці, потім злийте воду.

3. Розкладіть ньоккі в глибокі тарілки, полийте томатним соусом, подавайте з тертим пармезаном і посипте крупно набраним листям базиліка.

72. Соус Барбекю

інгредієнти

- 1 цибулина
- 2 зубчики часнику
- 1 корінь імбиру (маленький)
- 1-2 перцю чилі
- 2 гілочки чебрецю
- 2 гілочки розмарину
- 1 чайна ложка насіння коріандру (меленого)
- 100 г цукру (коричневого)
- 2 апельсина (сік)
- 1 лимон (сік)

- 2 столові ложки вустерширського соусу

500 г томатного кетчупу (або томатного пюре)

- 1 ст.л.естрагонової гірчиці
- 1 столова ложка паприки (копченої або звичайної)
- сіль
- перець

оливкова

олі я **підготовка**

1. Для приготування соусу барбекю спочатку очистіть цибулю, часник і імбир і змішайте з перцем чилі в кухонному комбайні до дрібної пасти.
2. Розігрійте трохи оливкової олії в каструлі. Додайте пасту зі спеціями, травами та цукром і дайте їй настоятися 5 хвилин. Деглазуйте апельсиновим і лимонним соком і дайте йому трохи зменшитися.
3. Додайте кетчуп, гірчицю, вустерширський соус і паприку і тушкуйте на повільному вогні приблизно 30 хвилин.
4. Соус барбекю протріть через сито і приправте сіллю і перцем.

73. Холодний трав'яний соус

інгредієнти

- 200 мл сметани
- 100 грамів майонезу
- 1 зубчик часнику (подрібнений)
- 1 чайна ложка гірчиці
- 50 г огірка
- 1 столова ложка цибулі (нарізаної)
- 1 столова ложка петрушки (нарізаної)
- 1/2 столової ложки бораго (нарізаного огірка)
- 1/2 столової ложки кропу (нарізаного)

- 1/2 столової ложки меліси (подрібненої)
- 1/2 столової ложки лустока (нарізаного вази)
- 1/2 столової ложки естрагону (нарізаного)

сіль

- цукор
- Приготування білий перець

1. Змішати сметану з майонезом. Огірки натерти на тертці або дуже дрібно нарізати (тесаком). Змішати з часником і гірчицею. Змішайте всі дрібно нарізані трави. Приправити сіллю, цукром і білим перцем.

74. Печена картопля під зеленим соусом

інгредієнти

- 100 г кухонних трав
- 125 г сиру
- 1 склянка йогурту (1,5% жирності)
- Приправа сіль
- перець
- 500 грамів картоплі
- 1 ст.л вершкового масла
- 2 яйця

Підготовка

1. Трави помийте, обсушіть і при необхідності очистіть від шкірки. Трохи трав відкладіть для подачі, решту дрібно наріжте.

2. Змішайте кварк з йогуртом і додайте трави. Приправте сіллю і перцем.

3. Доведіть картоплю до кипіння в каструлі з водою і варіть до готовності. Потім очистіть і наріжте скибочками.

4. На сковороді розігрійте вершкове масло і обсмажте скибочки картоплі до рум'яності.

5. Тим часом відваріть яйця в каструлі з водою до жирної маси. Потім очистіть і розріжте навпіл.

6. Розподіліть зелений соус між двома тарілками, зверху викладіть половинки яєць і подавайте смажену картоплю збоку. Подавати, посипавши зеленню.

75. Бліц томатний соус

інгредієнти

- 1 столова ложка оливкової олії
- 1/4 цибулини
- 1 зубчик часнику
- 850 г помідорів (консервованих кубиками)
- 1 ст ложка томатної пасти
- 1/2 гілочки базиліка
- сіль
- Перець (з млина) приготування

1. Попередньо очистіть і подрібніть цибулю і часник.

Базилік виберіть і дрібно наріжте.

2. Обсмажте цибулю і часник на оливковій олії. Додати томатне пюре і полити помідори.
3. Тушкуйте приблизно 15 хвилин, щоб помідори розпалися і дайте соусу настоятися.
4. Щоб отримати ще дрібніший соус без шматочків, його можна пюрувати та/або просіяти.
5. Приправте соус сіллю, перцем і базиліком.

76. Гарбузовий соус

інгредієнти

- 1 шт цибуля (середнього розміру)
- 1 шт. Гарбуз (Маленький Хоккайдо)
- 175 г Філадельфія (спеції, вершки)
- 200 г бранчу (спеції)
- Підготовка до Сонячних воріт (зброєносців).

1. Цибулю очистити, дрібно нарізати і обсмажити на олії. Серцевину гарбуза нарізати кубиками і обсмажити.

2. Додайте трохи води (макс. 125 мл) і залиште на повільному вогні.

3. М'який гарбуз розім'яти картопледавкою, додати вершковий сир, приправити сіллю, перцем і гострими спеціями (можна також чилі).

4. При необхідності розведіть невеликою кількістю молока.

77. Фруктовий соус паприка

інгредієнти

- 2 болгарських перцю (червоних)
- 1 морква
- 1 помідор біф
- 1 цибулина (невелика)
- 1 яблуко
- 1/4 чайної ложки солі
- 1 шматочок імбиру (маленький)
- 200 мл води
- орегано
- Куркума

підготовка

1. Для фруктового соусу болгарський перець нарізаний болгарським перцем, морквою, помідорами, цибулею та яблуком. Помістіть трави та імбир у каструлю з водою та попаріть.

2. Не подрібнюйте ручним блендером до однорідного стану, щоб залишилися шматочки.

78. Томатний соус з овочами

Інгредієнти

- 2 кг помідорів
- 100 г целлера (очищеного)
- 2 шт. цибуля
- 3 яблука
- 3 морквини
- 1 пучок трав
- 5 столових ложок оливкової олії
- 1 буряк (невелика) загот

1. Для томатного соусу ошпарити помідори гарячою водою, щоб легше зняти шкірку.

Очистивши помідори від шкірки, розріжте їх навпіл і видаліть якомога більше внутрішньої частини помідорів.

2. Інші овочі нарізати шматочками, обсмажити на оливковій олії, додати шматочки помідорів і тушкувати приблизно 1 годину.

3. Потім вийміть букет трав (я завжди з'єдную трохи чебрецю, орегано, шавлії та розмарину) і пюрируйте соус.

79. Іспанський томатний соус

інгредієнти

- 5 помідорів (повністю стиглих)
- 1 перець чилі (без кісточок і дрібно нарізаний)
- 4 зубчики часнику (подрібнений)
- 3 столові ложки мигдалю (меленого)
- 2 л хересу (сухого)
- сіль
- 1 чайна ложка цукру
- 1/8 л оливкової олії
- перець

підготовка

1. Для томатного соусу: помідори очистіть від шкірки, наріжте кубиками та дрібно наріжте разом із мигдалем, часником і чилі.
2. Дуже повільно додайте оливкову олію і приправте томатний соус хересом, сіллю, перцем і цукром.

80. Гаряче гарбузово-кокосовий соус

інгредієнти

- 1 ст.л. рослинної олії
- 1/2 цибулини (дрібно нарізаної)
- 500 г гарбуза (очищеного, нарізаного кубиками)
- 1 морква (велика, крупно натерта)
- 1 корінь петрушки (корінь петрушки, крупно натертий)
- 1/4 кореня селери (крупно натертого)
- Приправлена сіль (наприклад, Вегета; за смаком)
- 1/2 чайної ложки порошку чилі (з покриттям)

- 1 банка(и) препарату з кокосового молока (несолодкого).

1. У сковороді розігріти олію і обсмажити в ньому соломку цибулі.
2. Додайте гарбуз, моркву, петрушку та селеру і також обсмажте. Трохи посоліть і додайте 1 склянку води. Тушкуйте близько 10 хвилин.
3. Коли овочі стануть твердими, посипте зверху порошком чилі та полийте кокосовим молоком.
4. Перед подачею добре перемішайте і при необхідності додайте сіль.

81. Пюре з червоних яблук і буряка

Інгредієнт

- 2 склянки неочищеного яблука, нарізаного кубиками або тертого
- 1 склянка вишні без кісточок або суміші ягід
- 1 склянка неочищеного подрібненого буряка
- 1 столова ложка фінікової пасти
- ½ чайної ложки кориці
- 2 столові ложки води

Підготовка

1. Помістити всі інгредієнти в каструлю.
2. Довести до кипіння і варити до розм'якшення яблук і буряків 10-15 хвилин.
3. Розімніть картопледавкою або подрібніть у кухонному комбайні для більш гладкої консистенції.
4. Подавайте окремо або використовуйте для прикраси Хелловіна.

82. Журавлинно-апельсиновий соус

Інгредієнт

- Цедра і сік апельсина
- $\frac{1}{2}$ склянки кленового сиропу
- 1 пакетик (12 унцій - 340 г) свіжої журавлини
- 1 чайна ложка кориці

Підготовка

- У невелику каструлю додайте всі інгредієнти і доведіть до кипіння. Зменшіть вогонь і варіть на повільному вогні 15 хвилин або поки чорниця не лопне, а соус не почне густіти.

161

- Перекладіть у миску та поставте в холодильник до охолодження, принаймні на годину.

83. Журавлинний соус

Інгредієнт

- 1 кварта (946 мл) яблучного соку
- $\frac{1}{4}$ склянки сиропу з коричневого рису
- $\frac{1}{4}$ чашки кленового сиропу
- 8 столових ложок тертого агару
- 3 склянки сирої журавлини
- 1 чайна ложка кориці
- 1 лимон, використовувати лимонний сік і терту цедру
- 1 щіпка морської солі (за бажанням)

Підготовка

- Змішайте яблучний сік з рисовим сиропом, кленовим сиропом і пластівцями агару в каструлі на 3 літри. Закип'ятіть і збийте, щоб пил розбавити.
- Вийміть журавлину і корицю, коли температура знизиться. Накрийте кришкою і варіть, поки журавлина не стане м'якою, приблизно 10 хвилин.
- Зняти з вогню, додати лимонний сік і цедру.
- Перелити все в скляну ємність або форму і поставити в холодильник; для загустіння журавлинного соусу потрібно майже дві години.

84. Гострий томатний джем

Інгредієнт

- 4 склянки помідорів винограду або чері, розрізаних навпіл
- ¼ склянки чистого кленового сиропу
- 2 зубчики часнику, подрібнити
- 1½ чайної ложки меленого кмину або за смаком
- 1 чайна ложка нарізаного свіжого червоного чилі (за бажанням)
- ½ чайної ложки меленого червоного перцю або за смаком

Підготовка

1. У середній каструлі змішайте помідори, розрізані навпіл, і кленовий сироп на середньому вогні. Готуйте їх протягом п'яти хвилин або поки помідори не почнуть виділяти сік, періодично помішуючи.

2. Додайте часник, кмин, імбир, червоний перець чилі (якщо використовується), мелений червоний перець і морську сіль. Все добре перемішайте в сковороді і дайте закипіти. Зменшіть вогонь до мінімуму, накрийте кришкою і варіть 30-35 хвилин, помішуючи кожні 5-10 хвилин.

3. Зніміть кришку і тушкуйте 5-10 хвилин, щоб видалити зайву рідину. Зніміть суміш з вогню і дайте їй охолонути. Перекладіть у герметичний контейнер і зберігайте в холодильнику до тижня.

85. Веганський соус тартар

інгредієнти

- 50 мл соєвого молока
- 100 мл реп'яхової олії
- 1/2 чайної ложки лимонного соку
- 2 чайні ложки гірчиці
- 30 грам солоних огірків
- 20 г каперсів
- 1 столова ложка петрушки (нарізаної)
- 1 чайна ложка цукру
- сіль
- перець

Підготовка

1. Для соусу тартар дрібно наріжте корнішони і каперси. Налийте соєве молоко, олію та лимонний сік у ємність блендера. Перемішайте ручним блендером до отримання кремоподібної консистенції (приблизно 30 секунд).

2. Змішайте вершки з корнішонами, каперсами, гірчицею, петрушкою, цукром і перцем. Додати сіль і цукор за смаком. Соус тартар чудово поєднується зі смаженими грибами.

ГАРНІР І ОСНОВНЕ СТРАВО

86. Буріто з брокколі

Інгредієнт

- 1 пучок брокколі (приблизно 2 склянки)
- 1 15 унцій (425 г) банки нуту
- ½ склянки смаженого червоного перцю
- 3 столові ложки лимонного соку
- 6 коржів (борошняних або безглютенових)
- 6 столових ложок соусу (більше або менше за смаком)

Підготовка

1. Брокколі наріжте або порвіть на корсажі. Очистіть плодоніжки і наріжте їх скибочками товщиною 1,2 см. Варіть їх на пару в киплячій воді до розм'якшення, приблизно 5 хвилин.

2. Злийте нут і помістіть його в кухонний комбайн разом з паприкою та лимонним соком. Обробіть їх, поки з них не зникнуть грудочки.

3. Розділіть приблизно 1/4 склянки нутової суміші в омлет і покладіть шкіркою догори у велику гарячу сковороду. Нагрійте тортилью до м'якості, приблизно 2 хвилини.

4. Розділіть варену брокколі по центру коржика та полийте її невеликою кількістю соусу. Зігніть нижню частину тортильї вгору та розкачайте корж навколо брокколі з одного боку. Повторіть кроки 3 і 4 з рештою коржів.

87. Баклажани та гриби з арахісом

соус

Інгредієнт

- 1 великий баклажан
- 1 маленька жовта цибулина
- 1 упаковка 340 г грибів (білих, креміні або маленьких)
  портобелло)
- ½ склянки овочевого бульйону або води
- Морська сіль за смаком (за бажанням)

Для соусу

- ⅓ склянки натурального арахісового масла
- ¼ склянки води або овочевого бульйону з низьким вмістом натрію

- 1 чайна ложка сиропу агави
- 1 столова ложка соєвого соусу з низьким вмістом натрію (використовуйте соєвий соус без пшениці, якщо ви чутливі до глютену)
- 1 столова ложка бальзамічного оцту

Підготовка

1. Баклажани наріжте шматочками приблизно по 2,5 см і замочіть у великій кількості підсоленої води на 15 хвилин. Тим часом дрібно наріжте цибулю та четвертинками гриби. Обсмажте цибулю у воді до м'якості. Баклажани помити і обсушити. Поверніть баклажани та гриби в каструлю з рідиною для замочування баклажанів. Накрийте кришкою і готуйте, поки баклажани не стануть м'якими (від 5 до 10 хвилин). 7

2. Видаліть сироп агави, соєвий соус і оцет, коли суміш стане однорідною і кремоподібною, і перемішуйте, поки суміш знову не стане без грудок.

3. Свіжий соус на сковороді над пасерованими овочами. Варіть на повільному вогні і помішуйте, поки соус не загусне, заливаючи овочі на хвилину-дві.

Подавайте гарячий рис і квасолю на пару або інші зелені овочі на вибір.

88. Фетучіні з брокколі та кедровими горішками

Інгредієнт

- 1 фунт брокколі
- 8 унцій фетучіні (використовуйте макарони без глютену, якщо ви чутливі до глютену)
- 4 великі помідори, нарізані кубиками (або банка 28 унцій або 794 грами нарізаних помідорів)
- 2 столові ложки кедрових горіхів
- 4 великі зубчики часнику, дрібно нарізані

- $\frac{1}{4}$ чайної ложки солі (за бажанням)
- $\frac{1}{4}$ столової ложки червоного перцю (або щіпка кайенского перцю)

Підготовка

- Брокколі порізати або нарізати корсажами; очистіть і виріжте стебла. Готуйте брокколі на пару приблизно 5 хвилин до м'якості.
- Відварити макарони. Швидко злити і промити.
- Поки макарони варяться, обсмажте часник, пластівці червоного перцю або кайенський перець і кедрові горіхи у воді протягом 1 хвилини. Додайте помідори і варіть на середньому вогні 7 хвилин. Додайте брокколі.
- Розділіть макарони і залийте соусом на великій тарілці. Подавайте негайно.

89. Тісто для піци цільнозернове та чорне

квасоля

Інгредієнт

- $\frac{3}{4}$ склянки чорної квасолі (приблизно $\frac{1}{2}$ банки 15 унцій або 425 г)
- $\frac{1}{3}$ склянки води
- $1\frac{2}{3}$ склянки теплої води
- $1\frac{1}{4}$ столової ложки цукру (або підсолоджувача на вибір, необов'язково, але рекомендується для живлення дріжджів)
- $2\frac{1}{4}$ чайної ложки дріжджів
- $1\frac{1}{2}$ склянки хлібного борошна
- 1 склянка пшеничного борошна
- $\frac{1}{2}$ чайної ложки солі (за бажанням)

174

Підготовка

1. Промийте боби, обсушіть і подрібніть у блендері або кухонному комбайні з 1/3 склянки води до утворення грудок. За потреби додайте води (збільшуйте по 1 столовій ложці).

2. Збийте разом гарячу воду, цукор, дріжджі та квасолеве пюре.

3. Змішайте борошно та сіль, повільно додайте їх до дріжджової суміші (якщо не використовуєте хлібопічку, перемішуйте, додаючи борошняну суміш).

4. Вимішуйте, поки тісто не стане еластичним, дайте йому піднятися і накрийте принаймні годину.

5. Викладіть тісто для піци на не змащене, злегка змащене маслом деко.

6. Викладіть інгредієнти та соус або соуси на сформоване тісто.

7. Випікайте 20 хвилин (або поки інгредієнти не будуть готові).

90. Часник шпинат

Інгредієнт

- 1 великий пучок свіжого шпинату
- 3 зубчики часнику
- 1 чайна ложка оцту
- Вода або овочевий бульйон з низьким вмістом натрію для запікання

Підготовка

- Промити шпинат.
- Очистіть і подрібніть часник.

- Обсмажте часник у воді або овочевому бульйоні на середньому вогні, поки він не розм'якне.
- Додати шпинат на гарячу сковороду. Використовуйте щипці, щоб перевертати шпинат, поки він не зів'яне.
- Збризніть оцтом і чорним перцем і подавайте.

91. солодка картопля!

Інгредієнт

- Від 2 до 3 бататів або солодкої картоплі (червоний батат — дуже яскрава страва)
- 2-3 яблука
- 1 столова ложка варення або фруктів (100% фруктів, без додавання цукру, персика, апельсина або ананаса)
- $\frac{1}{2}$ склянки апельсинового соку

Підготовка

1. Розігрійте духовку до 300-350°F (177°C).
2. Очистіть і тонко наріжте солодку картоплю та яблука.

3. Змішайте змащені фрукти та апельсиновий сік.
4. Викладіть солодку картоплю та яблука на деко.
5. Вилийте апельсинову суміш на солодку картоплю та яблука та накрийте кришкою або алюмінієвою фольгою.
6. Випікайте при 350°F (177°C) 45 хвилин.
7. Солодка картопля готова, коли її можна легко проткнути виделкою.

92. Часникове пюре

Інгредієнт

- 8 середніх червоних картоплин
- ½ чайної ложки чорного перцю
- 10-12 зубчиків свіжого часнику
- 1-2 склянки картопляної води
- 1 склянка немолочного молока без цукру
- Вода або овочевий бульйон з низьким вмістом натрію для запікання
- *Сіль або перець за смаком (за бажанням)*

Підготовка

1. Картоплю наріжте восьми частинами (звільніть від шкірки).
2. Залийте їх водою і дайте їм варитися на середньому вогні приблизно 15 хвилин до готовності.
3. Зубчики часнику очистіть, подрібніть і подрібніть.
4. Обсмажте часник у невеликій каструлі з водою або овочевим бульйоном, поки він не розм'якне. Відкладіть його в сторону.
5. Злийте варену картоплю над мискою, щоб зібрати воду.
6. Використовуйте ручну дробарку або електричний міксер, щоб подрібнити картоплю. Додайте чашку води з картоплі, додайте сіль, перець і обсмажений часник.
7. При необхідності додайте ще води з картоплі або молока, щоб отримати кремоподібну консистенцію.
8. Подавайте пюре відразу або тримайте його накритим у гарячій духовці до готовності.

93. Картопля печена фарширована

Інгредієнт

- 2 червоно-червоні або юконські картоплини (жовта картопля), приблизно 8 унцій (227 г) кожна
- 1/3 склянки молока без молока, звичайного, без підсолоджувача
- 4 столові ложки хумусу без масла

- 1 склянка варених і нарізаних овочів (цибуля, брокколі, цвітна капуста та ін.)
- ½ чайної ложки гострого соусу
- ½ чайної ложки кошерної солі (за бажанням)

Підготовка

1. Розігрійте духовку до 300-375°F (190°C). Підготуйте картоплю до запікання, гарненько помивши її і проколовши кілька разів виделкою або ножем, щоб у процесі запікання виходив дим.
2. Випікайте приблизно годину або до тих пір, поки не проткнете виделкою. Вийміть їх з духовки та дайте їм відпочити, поки вони не охолонуть, щоб їх було на дотик. Картоплю розрізати вздовж.
3. Видаліть нутрощі картоплі ложкою і покладіть її в миску, обережно, щоб не порвати шкірку. Залиште невеликий край картоплі недоторканим для підтримки.
4. Готову картопляну шкірку викласти на деко.
5. Змішайте нутрощі картоплі в мисці разом з рештою інгредієнтів і повністю

перемішайте їх. Рівномірно вилийте суміш назад у картопляну шкірку, доки кожна половина не стане круглою та майже не переповниться. Знову помістіть їх у духовку та випікайте до нагрівання приблизно 15 хвилин. Вийміть з духовки та подавайте негайно.

94. Рис каррі

Інгредієнт

- 1 подрібнену цибулину
- 5 або 6 чашок вареного коричневого рису
- 2 чайні ложки порошку каррі

- 1 1/4 склянки упаковки замороженого гороху та моркви, приготованих на пару та зціджених
- Сіль (за бажанням) і перець за смаком
- $\frac{1}{4}$ склянки меленого родзинок
- $\frac{1}{4}$ склянки сирого, філе та підсмаженого мигдалю

Підготовка

1. Подрібнену цибулю обсмажити на сковороді з антипригарним покриттям до золотистого кольору. При необхідності додайте трохи води, щоб цибуля не прилипала до сковороди.
2. До золотистої цибулі додайте варений коричневий рис, порошок каррі, пасерований горох і моркву. Добре їх поєднайте.
3. Щедро приправити сіллю (за бажанням) і перцем. Змішайте суміш каррі та рису з родзинками та мигдалем і негайно подавайте.

95. Картопляне пюре

Інгредієнт

- 3 фунти картоплі, суміш червоного і жовтого (Yukon Gold)
- ½ жмені петрушки
- ¼ склянки харчових дріжджів
- ½ чайної ложки чорного перцю
- 2 склянки натурального мигдального молока
- ½ столової ложки цибульного порошку
- 1 чайна ложка гранульованого часнику

Підготовка

1. Картоплю помити і нарізати великими шматочками, приблизно однакового розміру. Покладіть у велику каструлю, залийте водою і варіть до готовності 7-10 хвилин. Тим часом помийте і наріжте петрушку.

2. Перевірити картоплю ножем; Коли вони закінчать, він має засунутись. Злити їх. Насолоджуйтесь паром для обличчя.

3. Поверніть картоплю на гарячу сковороду. Приготуйте їх на пару, щоб випустити частину вологи. Додайте інші інгредієнти: петрушку, мигдальне молоко, пластівці харчових дріжджів, сіль, перець, цибульний порошок, гранули часнику. Використовуйте прес для картоплі, щоб віджати все разом. Спробуйте пюре, щоб відрегулювати спеції.

96. Традиційна начинка

Інгредієнт

- ½ склянки овочевого бульйону
- 1 столова ложка соєвого соусу або тамарі з низьким вмістом натрію
- 4 склянки кубиків безглютенового або цільнозернового хліба
- ½ склянки подрібненої цибулі
- 1 чашка нарізаної селери
- 1 столова ложка харчових дріжджів
- ½ чайної ложки приправи для птиці
- ½ чайної ложки часникового порошку
- ½ чайної ложки сушеної петрушки

Підготовка

1. Розігрійте духовку до 350 F.

2. У невеликій мисці змішайте насіння льону з водою і залиште на 10 хвилин.

3. У великій мисці змішайте кожен сухий інгредієнт.

4. Яблука наріжте тонкими скибочками і покладіть в ємність.

5. Додайте гарбузове пюре, екстракт ванілі, насіння льону на водній основі та яблучну фінікову пасту та добре перемішайте.

6. З'єднайте сухі інгредієнти і добре перемішайте з яблуками. Якщо суміш виходить занадто сухою, додайте води.

7. Помістіть суміш у відповідну форму для запікання і випікайте 30-35 хвилин.

97. Начинка для плову з кіноа

Інгредієнт

- $\frac{1}{2}$ чайної ложки шавлії
- 1 чайна ложка чебрецю
- 1 чайна ложка розмарину
- $\frac{1}{2}$ склянки дикого рису
- $1\frac{1}{2}$ склянки кіноа
- 1 склянка коричневого рису або рисової суміші
- $\frac{1}{2}$ склянки свіжовичавленого апельсинового соку
- $2\frac{1}{2}$ склянки овочевого бульйону
- $\frac{1}{2}$ морської солі
- 1 стакан тертої моркви
- 1 чашка гранатових зерен (за бажанням)
- 1 склянка агрусу (за бажанням)

Підготовка

1. Розігрійте сковороду на середньому вогні.
2. Додайте в сковороду спеції і варіть 30 секунд.
3. Додайте дикий рис, кіноа та коричневий рис і перемішуйте протягом 1 хвилини.
4. Додайте апельсиновий сік, овочевий бульйон і морську сіль і добре перемішайте.

5. Доведіть до кипіння, накрийте кришкою, зменшіть вогонь до середнього і варіть 45 хвилин.

6. Зніміть з вогню, додайте моркву та фрукти та подавайте.

98. Швидка шпинатно-овочева запіканка

інгредієнти

- 1000 г листя шпинату (свіжого)
- 1 бульба(и) фенхелю
- 1 болгарський перець (червоний)
- 200 г помідорів черрі
- 1 цибулина (червона)
- 2-3 зубчики часнику
- 1 жменя кедрових горіхів
- Оливкова олія (extra virgin)
- сіль

1. Для швидкої шпинатно-овочевої запіканки помийте овочі, переберіть шпинат. Очистіть цибулю і часник. Наріжте фенхель і цибулю. У болгарського перцю видаліть плодоніжки і насіння і наріжте невеликими шматочками. Наріжте часник.

2. Розігрійте оливкову олію, обсмажте цибулю, додайте фенхель, часник, болгарський перець і помідори і все обсмажте. Додайте свіжий шпинат і дайте йому обсмажитися. Підсмажте кедрові горіхи на додатковій сковороді без жиру до появи аромату та посипте шпинат та овочеву сковороду.

99. Рагу з рису та моркви з полби

інгредієнти

☐ 200 г

р и с у

с п е л ь т и

- 475 мл води
- 1 жовта ріпа
- 1 морква
- 1 корінь селери.
- 2 палички селери
- 2 цибулі-шалот
- 2 зубчики часнику
- 4 гілочки чебрецю
- 1 лимон
- 3 ст ложки соняшникової олії

- сіль

перець **підготов**

ка

1. Овочі, цибулю-шалот і часник почистити і нарізати дрібними кубиками, листя стебла селери відкласти. Натерти цедру лимона, вичавити сік

2. Доведіть частини овочів до кипіння та очистіть їх від шкірки, заливши 500 мл води, приправте сіллю та залиште приблизно на 10 хвилин. Потім протріть через сито і використовуйте як овочевий суп для рагу.

3. В овочевому супі відваріть спельтовий рис, варіть на повільному вогні 20-25 хвилин, злийте (зберіть суп) і відставте.

4. У великій сковороді розігрійте соняшникову олію і повільно обсмажте овочі з чебрецем, не підфарбовуючи. Влити решту овочевого супу і дати покипіти на повільному вогні.

5. Змішайте відварені овочі з рисом спельтою та приправте лимонним соком, сіллю та перцем.

6. Розкладіть рагу в глибокі тарілки і прикрасьте цедрою лимона і селерою.

100. Каррі із зеленої картоплі з горошком

Інгредієнти

- 700 г картоплі (твердої)
- 250 г гороху (замороженого) ☐ 800 мл кокосового молока
- 2-3 столові ложки зеленої тайської пасти каррі
- 2 палички лемонграсу
- 2 листочки кефірної лайма
- 1 пучок коріандру (свіжого)
- 1 перець чилі (зелений)
- 1 лайм (органічний)

с і л ь **підготовка**

1. Для зеленого картопляного каррі з горошком доведіть зелену пасту каррі до кипіння в кокосовому молоці, кілька разів помішуючи, доки не утвориться густий вершковий соус.
2. Очистіть картоплю та наріжте її кубиками приблизно 1 см.
3. Відіжміть лемонграс, щоб ефірні олії з нього краще вийшли.
4. Готуйте картоплю в соусі каррі з лемонграсом і листям лайма до м'якості. Незадовго до закінчення часу приготування додайте горох і коротко проваріть його. Приправте каррі соком, невеликою кількістю цедри лайма та сіллю. Видаліть листя лайма і лимонну траву.
5. Помийте та переберіть листя коріандру та змішайте їх з каррі. Подавайте зелене картопляне каррі з горохом гарячим з рисом басматі.

ВИСНОВОК

Ніхто не змінює свої харчові звички відразу. Тілу і розуму потрібен час, щоб адаптуватися до змін. Якщо ви хочете поекспериментувати, почніть з вибору дня, який реалізує варіанти, які відповідають критеріям рослинної дієти, і поступово збільшуйте ці дні.

CPSIA information can be obtained
at www.ICGtesting.com
Printed in the USA
BVHW051633301222
655315BV00008B/1160